Disney · PIXAR

LE MONDE DE NEMO

Disney HACHETTE ÉDITION

Dans la même collection :

1 • Cendrillon
2 • Peter Pan
3 • Blanche-Neige
4 • Mickey Superstar
5 • Mickey au Pays des géants
6 • Picsou et le fantôme
7 • Les Aristochats
8 • La Belle et la Bête
9 • Les Trois Petits Cochons et le Grand Méchant Loup
10 • La Petite Sirène
11 • Dingo aux Jeux Olympiques
12 • Le livre de la jungle
13 • Mickey et ses amis
14 • Aladdin
15 • Les 101 Dalmatiens
16 • La Belle au Bois dormant
17 • Picsou fait le tour du monde
18 • Les Trois Petits Cochons font la fête
21 • Le Roi Lion
22 • Davy Crockett et le roi du fleuve
23 • Davy Crockett et les pirates
24 • Davy Crockett à Fort Alamo
25 • Pinocchio
26 • Pocahontas, une légende indienne
27 • Super Noël
28 • Genius champion olympique
29 • Dingo et Max
30 • Les Castors Juniors et la carte mystérieuse
32 • Le Bossu de Notre-Dame
33 • Oliver & Compagnie
34 • La Belle et le Clochard
35 • Hercule
36 • Mulan
37 • Le Roi Lion II, l'honneur de la tribu
38 • Tarzan
39 • Toy Story 2
40 • Les aventures de Tigrou et de son ami Winnie l'Ourson
41 • Dinosaure
42 • Les 102 Dalmatiens
43 • Kuzco, l'empereur mégalo
44 • Atlantide, l'Empire perdu
45 • Monstres & Cie
46 • Lilo & Stitch
47 • Peter Pan, retour au Pays Imaginaire
48 • La Planète au Trésor
49 • Le livre de la jungle 2
50 • Les aventures de Porcinet
51 • Le Monde de Nemo

A collaboré à cet ouvrage : Sophie Koechlin pour le texte.

PROLOGUE

« Oh, chéri, c'est splendide ! s'exclame Corail, ravie.

– N'est-ce pas ? Tu me disais que tu voulais une belle vue sur l'océan, et tu l'as tout entier devant toi ! lui répond Marin, très fier. Et crois-moi, beaucoup nous envient cet endroit ! »

Dans leur habit rayé orange et blanc, les deux poissons-clowns longent gaiement la Grande Barrière de Corail. Le bleu profond de la mer s'étend à perte de vue et le courant agite doucement les anémones, les rutilantes rangées de mollusques et les algues échevelées.

« Et regarde, les enfants seront bien protégés ! se réjouit Marin en se cachant dans une énorme anémone.

– Chut, Marin ! Tu vas les réveiller ! » murmure Corail.

Elle jette un regard attendri aux quatre cents œufs qu'elle a soigneusement déposés dans une petite grotte, tout près.

« Oh, pardon ! glousse Marin.

– Au fait, il va nous falloir leur trouver des prénoms ! »

Marin contemple le nid.

« Maintenant ? Heu… Et bien… Voyons… Disons que cette centaine s'appellera Marin junior, et celle-ci Corail junior. Voilà, c'est fait ! Qu'en penses-tu ?

– J'aime bien Nemo, comme prénom…

– Nemo ? Hum… Pourquoi pas pour l'un d'entre eux ? On verra…

– Tu te rends compte, Marin ? Dans quelques jours, nous allons être parents !

– Quand je pense à la façon dont on s'est rencontrés… "Excusez-moi, Mademoiselle ! t'ai-je dit. Pourriez-vous regarder si je n'ai pas un hameçon coincé dans ma lèvre inférieure ?"

– Oh mais oui ! belle excuse ! J'ai accepté ton rendez-vous parce que tu me faisais vraiment pitié ! s'esclaffe Corail.

– Comment ça, pitié ! Attends un peu ! »

En riant, le couple se poursuit entre les algues et les rochers. Durant quelques minutes, ce ne sont que rires et taquineries. Et puis Marin ralentit, intrigué.

« C'est quand même bizarre… Il n'y a plus personne, par ici ! Je ne comprends pas… »

Il se retourne vers sa femme. L'expression de Corail l'alarme immédiatement. Paralysée de terreur, la malheureuse vient de repérer la silhouette d'un immense barracuda !

« Corail ! Rentre à l'abri dans l'anémone ! »

Alors que le rôdeur alléché se rapproche, la future mère lance un regard affolé vers la grotte où repose sa progéniture.

« Non, Corail, laisse-les, ils sont en sécurité ! »

Sans l'écouter, la courageuse mère s'élance. Et l'ennemi affamé la prend aussitôt en chasse. La course est perdue d'avance.

Malgré sa petite taille, Marin intervient, mais un violent coup de queue du prédateur le propulse droit sur un rocher. Assommé par le choc, le poisson-clown tombe dans l'anémone…

Lorsque Marin recouvre ses esprits, tout est calme aux alentours.

« Corail ? » lance-t-il d'une voix étranglée.

Pas de réponse. Pris de panique, Marin fonce vers la grotte.

« Non ! » hurle-t-il avec désespoir.

Hormis un seul œuf un peu abîmé et enfoui dans le sable, plus aucune trace de Corail, ni de leurs futurs enfants. Marin sent son cœur se briser. Très lentement, il s'approche du rescapé, le saisit délicatement entre ses nageoires.

« Mon pauvre petit… Ne t'inquiète pas, Papa est là… Désormais, je ne te quitterai plus… »

Le poisson-clown berce doucement l'œuf et, tandis que le soir tombe sur l'océan, il continue à murmurer avec tendresse :

« Je te promets que rien de grave ne t'arrivera tant que je serai auprès de toi, Nemo. Rien. »

1

« Papa, debout ! C'est l'heure d'aller à l'école ! Allez, Papa, réveille-toi !

– Je ne veux pas aller à l'école… marmonne Marin à moitié endormi. Encore cinq minutes… »

Nemo ne l'entend pas ainsi. Tournant à toute vitesse à l'intérieur de l'anémone, il bouscule son père avec bonne humeur.

« Premier jour d'école ! Youpi, ah ah ! Premier jour, Papa ! On y va ! »

Sans attendre, le gamin excité bondit hors de l'anémone protectrice.

« Nemo ! » crie Marin.

À son tour, le poisson-clown jaillit à l'extérieur. Immédiatement, il repère Nemo. Emporté par son élan, l'inconscient s'est coincé dans un éventail de mer. Son père réussit à l'en dégager et le ramène dans l'anémone.

« Tu t'es fait mal ?

– Non, dit Nemo.

– Tu es sûr ? Combien ai-je de rayures ?

– Ben… trois, Papa !

– Seulement trois ? Ah oui, tu as raison… Bon, montre-moi ta nageoire porte-bonheur…

– Elle va très bien, ma petite godille, Papa ! Regarde ! »

Nemo s'approche de son père en agitant sa minuscule nageoire droite, souvenir de l'attaque du barracuda. Cette disproportion bizarre donne à sa trajectoire un aspect chaotique. Marin soupire en le regardant :

« Écoute, Nemo… Tu es certain de vouloir aller à l'école cette année ? Tu ne crois pas que tu pourrais attendre encore un peu ? Cinq ou six ans, par exemple ?

– Papa !

– Bon, se résout Marin. Alors rappelle-toi ce que je t'ai appris : premièrement…

– L'océan est dangereux ! »

Le père et le fils sortent de l'anémone et commencent à avancer avec précaution.

« Très bien, fiston. Tu dois toujours observer les alentours avant de quitter notre abri. Plusieurs fois s'il le faut.

– D'accord, Papa ! »

Ils longent à présent la Barrière de Corail. Autour d'eux, de nombreux poissons vont et viennent, indifférents.

« Dis, Papa, tu crois que je verrai un requin, à l'école ?

– Ça m'étonnerait…

– Tu en as rencontré, toi ?

– Heu… Non, et je n'y tiens pas particulièrement, en fait !

– Et des tortues de mer ? Jiminy Plancton dit qu'elles peuvent vivre plus de cent ans !

– Si j'en rencontre une, je lui demanderai,

Nemo ! Oh, là ! Attends pour traverser ce courant, s'il te plaît ! »

Nemo s'arrête et patiente jusqu'à ce que le poisson rouge qui règle le trafic l'autorise à passer. L'école est enfin en vue. Un groupe de pères décontractés bavarde en riant, tandis que leurs enfants s'amusent ensemble. Intimidé, Marin s'approche d'eux.

« Bonjour ! Est-ce à cet endroit que nous devons attendre le professeur ? hasarde-t-il.

– Hé, mais qui voilà ? s'exclame le père de Jiminy Plancton. Salut, voisin ! Enfin sorti de votre anémone ?

– Heu, oui… Surprenant, je sais…

– Martin, c'est ça ?

– Marin.

– Voici Robert, Édouard et Philippe, Marin.

– Vous êtes un poisson-clown, à ce que je vois ! plaisante Édouard. Racontez-nous donc une blague !

– Hum… Vous savez, les poissons-clowns ne sont pas plus drôles que les autres… » précise Marin, embarrassé.

Trois enfants interrompent leur course effrénée pour observer Nemo.

« Qu'est-ce qu'il a à sa nageoire ? demande l'un d'eux.

– Il a une drôle d'allure ! note un autre.

– Soyez gentils avec lui ! recommande Robert, l'hippocampe. C'est son premier jour d'école…

– Sa nageoire est ainsi depuis sa naissance, les enfants… explique Marin. Nous l'appelons la petite godille.

– Papa ! se vexe Nemo.

– Regarde, Nemo ! intervient Perle, la fille d'Édouard, une ravissante petite pieuvre rose. L'un de mes tentacules est plus court que les autres. Mais c'est difficile à voir, surtout quand je les emmêle !

– Et moi, je suis hydroallergique ! dit Hippo, le fils de Robert, en reniflant.

– Et moi, j'ai très mauvais caractère ! » se vante Titouan, le fils de Philippe.

Une mélodie interrompt la conversation. Une immense raie au sourire joyeux vient se mêler au groupe.

« La découverte des sciences est lyrique, même quand on croit que la pensée est empirique… chantonne-t-elle.

– C'est Monsieur Raie, notre professeur ! Viens, Nemo ! se réjouit Perle.

– Allez, les explorateurs ! les invite Monsieur Raie. Montez, je vous emmène avec moi ! »

Marin libère Nemo à contrecœur. Le joyeux professeur décolle doucement, ses élèves installés sur le dos. Le pauvre poisson-clown soupire en regardant la troupe s'éloigner.

« Ça va aller, l'encourage Philippe. C'est toujours dur au début ! Je me souviens de ma propre réaction quand Monsieur Raie les a conduits au Grand Large pour la première fois !

– Au Grand Large ? Ils vont au Grand Large ? Seigneur ! s'écrie Marin. Êtes-vous inconscients ? Autant les faire frire tout de suite et les servir bien cuits avec des frites !

– Mais… Calmez-vous, voyons ! intervient Robert.

– Que je me calme ? Et puis quoi encore, espèce de Demi-Poney ! »

Fou de rage, Marin abandonne le trio de pères stupéfaits et fonce à la poursuite de la raie.

« Demi-Poney ? marmonne Robert, ahuri.

– Eh bien, pour un poisson-clown, ce gars-là n'est vraiment pas drôle ! » conclut Philippe en soupirant.

« Nous sommes arrivés à la frontière du Grand Large. Vous pouvez descendre de mon dos, mais restez bien groupés ! »

Suivant les recommandations de la raie, la turbulente classe examine les lieux. La visite de ce nouveau monde enchante particulièrement Nemo.

« Regardez ! Voici une cyanobactérie ! commente Monsieur Raie en désignant une minuscule particule flottante. Un écosystème complet est contenu dans cette petite chose de rien du tout ! Et il y a autant de protéines à l'intérieur que de grains de sable dans la mer ! »

Tandis que, bouche bée, la classe écoute son magistral professeur, Titouan, Perle et Hippo s'éclipsent discrètement. Nemo repère leur manège. Curieux, il décide de les suivre. Lorsqu'il

parvient enfin à les rejoindre, les trois chenapans sont arrivés en haut de la falaise sous-marine qui délimite la Barrière de Corail.

« C'est beau, hein ? » s'extasient-ils.

Nemo reste abasourdi devant la vaste étendue d'eau bleu profond qui s'offre à lui. Et soudain, au-dessus d'eux, il repère un objet curieux.

« Qu'est-ce que c'est que ça ? » demande-t-il à ses camarades.

Les autres lèvent la tête.

« Je sais, répond Titouan. Jiminy Plancton en a déjà vu une. Il appelle ça… voyons, comment appelle-t-il ça, déjà ? Ah oui ! Une "berque" !

– Cette “berque” est super-grande et super-jolie ! note Perle.

– Admirez ! frime Hippo. Je vais aller voir de plus près la “berque” ! »

Il bondit, mais un éternuement intempestif le propulse plus loin qu’il ne l’aurait voulu. Avec un cri de frayeur, il regagne à toute vitesse les rochers. Perle et Titouan éclatent de rire.

« T’es pas cap’ d’aller plus loin que moi, Perle ! » rétorque Hippo, vexé.

Le concours démarre. L’un après l’autre, les imprudents s’élancent, et chaque saut les éloigne un peu plus de la protection du récif. Vient le tour de Nemo…

« Alors, vas-y ! » l’encourage Titouan.

Malgré la provocation, Nemo se souvient de la promesse faite à son père, et refuse de participer au jeu. C’est alors qu’une voix affolée résonne derrière lui :

« Nemo !

– Papa ? s’étonne le petit poisson-clown. Qu’est-ce que tu fais ici ? »

Une tape sur le nez lui fait immédiatement comprendre que son père n’est pas d’humeur à plaisanter !

« Tu allais nager dans le Grand Large ! Et si

je n'étais pas passé par hasard dans les parages…

– Mais non, Papa, je te jure !

– Il n'allait pas sauter, Monsieur ! assure Perle, embarrassée.

– Oh non, il avait bien trop peur ! se moque Titouan.

– Non, je n'avais pas peur ! s'énerve Nemo.

– Cette histoire ne vous regarde pas, les enfants. Retournez avec vos camarades, et soyez heureux que je ne raconte pas vos bêtises à vos parents ! Quant à toi, Nemo, tu sais que tu ne nages pas assez bien pour ce genre de bêtise !

– Si, Papa, je nage assez bien !

– Non, Nemo. Et j'avais raison, tu es encore trop jeune pour aller à l'école !

– Mais c'est toi, Papa, qui as peur de l'océan, pas moi !

– Non, tu n'es pas prêt, Nemo, c'est tout ! Il faudra attendre encore un peu.

– Je te déteste ! rumine Nemo, plein d'amertume.

– Puis-je faire quelque chose pour vous, Monsieur ? demande Monsieur Raie, qui, attiré par les éclats de voix, s'est approché de Marin.

– Pardon, Monsieur, je suis désolé d'avoir dérangé votre cours ! Mais mon fils nage trop mal pour sortir sans une étroite surveillance…

– Je peux vous certifier que les enfants sont en sécurité avec moi, Monsieur.

– Je n'en doute pas, mais avec une classe aussi nombreuse que la vôtre, vous ne pouvez pas tout superviser. Si jamais vous le perdiez de vue… »

La conversation des deux adultes est brutalement interrompue par le cri perçant d'une élève :

« Oh, mon Dieu, regardez ! Nemo est parti seul vers le Grand Large ! »

Stupéfaits, Monsieur Raie, Marin et les enfants se retournent d'un bloc. Furieux contre son père, Nemo a décidé de prouver qu'il nageait aussi bien qu'un autre. Et petit à petit, il s'éloigne en zigzaguant de la Barrière de Corail, tandis que la coque claire de la "berque" se rapproche inexorablement de lui.

« Nemo ! Reviens ici tout de suite ! » bredouille Marin, blême de terreur.

« Reviens, Nemo, cela suffit, maintenant ! » Nemo n'a cure des hurlements de son père. Une petite pause pour souffler un peu et il repart, avec la ferme intention de toucher la coque de la "berque" avant de faire demi-tour.

« Je t'interdis d'aller plus loin, tu m'entends ? Nemo !

– Ça y est, il a touché la coque ! s'exclame Titouan en contrebas, admiratif.

– Reviens ici immédiatement ! continue Marin, exaspéré. Et tu vas voir ce que tu vas voir ! Attends-toi à de gros ennuis ! De très très… »

Le poisson-clown se fige, les yeux arrondis. Surgissant derrière Nemo qui revient à présent tranquillement vers le récif, un gigantesque plongeur en combinaison de caoutchouc sombre se dresse au milieu d'un nuage de bulles.

« … gros ennuis ! » balbutie Marin, pétrifié par cette vision de cauchemar.

Surpris par l'expression de son père, Nemo se retourne instinctivement. Il n'aperçoit qu'une seule chose : son reflet dans le masque de l'homme-grenouille ! Il pousse un hurlement de terreur.

« Aaaaah ! répondent en chœur tous les écoliers réunis autour de Monsieur Raie.

– Cachez-vous sous mes ailes, les enfants ! » ordonne ce dernier sans perdre son sang-froid.

Nemo fonce vers ses amis en nageant aussi vite qu'il peut. Malheureusement, la rapidité de son poursuivant ne lui laisse aucune chance.

« Papa ! Au secours !

– J'arrive, Nemo ! »

L'appel a électrisé Marin. Il est sur le point de quitter la Barrière de Corail lorsqu'un second plongeur, aussi impressionnant que le premier, lui barre la route de toute sa hauteur. Marin recule promptement à l'abri d'un buisson d'algues. Totalement impuissant, il assiste à la capture de son fils dans un sac transparent.

« Papa !

– Nemo ! » hurle son père effondré, avant d'être aveuglé par le flash d'un appareil photo sous-marin.

Hélas ! dès qu'il recouvre une vision à peu près nette, c'est pour distinguer les deux plongeurs qui se hissent avec leur prise à bord de l'embarcation, puis qui lèvent l'ancre !

« Nemo, non ! »

Au moment où Marin s'élance, l'hélice du moteur se met à tourner et projette un violent courant qui le frappe de plein fouet. À moitié assommé, il parvient cependant à suivre le sillage de l'engin durant quelques minutes.

Mais la trace d'écume s'efface très vite, et bientôt, le pauvre Marin n'a plus qu'une solution : gagner la surface afin de se repérer. Il retient sa respiration, pointe sa tête au ras des flots. Un rapide coup d'œil confirme la catastrophe : l'horizon est désespérément vide…

« Oh non, Nemo, ce n'est pas possible ! » gémit Marin en se laissant couler à pic.

Le canot à moteur file sur l'océan. Une embardée brutale précipite le masque de l'un des plongeurs dans la mer.

« Attention ! Tiens-toi bien ! » recommande le conducteur à son équipier.

Sur le pont, prisonnier dans une glacière remplie d'eau, Nemo pense avec effroi que sa dernière heure est arrivée…

« Aidez-moi, s'il vous plaît ! Je cherche mon fils ! Quelqu'un a-t-il vu passer un bateau blanc ? » demande Marin à qui veut l'entendre.

Sans qu'il s'en aperçoive, son désarroi l'a conduit en plein milieu d'une voie rapide, à contresens de la nage d'un gros banc de poissons pressés.

« Hé ! vous ! Dégagez ! Vous êtes sur le passage ! » l'avertissent les routiers de la mer.

Marin s'écarte vivement, mais il ne peut éviter de se cogner dans une splendide dame

poisson aux écailles bleues. Les deux accidentés se retrouvent sur le sable, tout étourdis.

La dame s'excuse dans un flot de bulles.

« Ah, mon pauvre ! Je suis désolée, je ne vous avais pas vu ! Vous n'avez rien ? s'exclame-t-elle.

– Mon fils ! Ils ont enlevé mon fils ! répond Marin, encore assommé. Un bateau…

– Un bateau ? J'en ai vu un, justement ! Il n'y a pas très longtemps…

– Un blanc ?

– Oui, blanc. Enchantée, je m'appelle Dory…

– Vous êtes sûre ? Où est-il allé ?

– Heu… par là, je crois. Oui, par là. Je vais vous montrer !

– Oh, merci, merci ! Merci infiniment !

– Je vous en prie. Suivez-moi ! »

Plein de reconnaissance, le poisson-clown s'engage à la suite de sa nouvelle amie.

La quête commence. Au début, Dory longe la Barrière de Corail à un rythme normal. Marin la suit tranquillement, plein d'espoir. Mais après un ou deux coups d'œil irrités par-dessus sa nageoire dorsale, Dory se met à accélérer, change de direction, se cache de rocher en rocher. Surpris, Marin se rapproche sans se décourager. Épuisée par ce manège, la curieuse personne se dresse devant lui, l'air absolument furieux !

« Mais Monsieur, que me voulez-vous, à la fin ? Je vous prie d'arrêter immédiatement de me suivre !

– Mais… commence Marin, stupéfait.

– Il n'y a pas de mais ! L'océan est assez grand pour tout le monde !

– Je ne vous comprends pas… Vous m'avez

proposé de m'aider afin de retrouver un bateau…

– Un bateau ? Ah oui ! J'en ai vu un, effectivement. Il est parti par là… Suivez-moi !

– Attendez une minute, Dory ! Ça, vous me l'avez déjà dit !

– Ah bon ? Aïe, désolée, ça recommence…

– Qu'est-ce qui recommence ? Vous moquez-vous de moi ?

– Excusez-moi, cher Monsieur… Voyez-vous, j'ai régulièrement des pertes de mémoire. J'oublie tout, tout le temps… c'est héréditaire. »

Elle fait une pause et s'adresse de nouveau à Marin comme si elle le voyait pour la première fois :

« Au fait… Qui êtes-vous ? Je peux vous aider ?

– Invraisemblable, soupire Marin. Un guide amnésique, c'est bien ma veine ! Écoutez, je n'ai pas de temps à perdre, je dois chercher mon fils… »

Marin se retourne, et sa déception se change en pure terreur : le voilà nez à nez avec une immense rangée de dents propres, mais extrêmement pointues !

« Hello ! lâche le propriétaire du splendide râtelier, un grand requin bleu plutôt beau gosse.

–Bonjour ! minaude Dory, tandis que Marin, tout pâle, recule prudemment.

–Je m'appelle Bruce ! se présente l'autre, ravi de son effet. Alors ? Qu'est-ce qu'un drôle de couple comme vous fait aussi tard dans les parages ?

–Heu... bredouille Marin. Rien, rien du tout !

–Super ! Vous êtes libres pour venir à ma réunion, alors ?

–Qu'est-ce que c'est, votre réunion ? Une fête ? s'enquiert Dory avec excitation.

–Exact ! répond Bruce dans un grand rire qui découvre encore une fois sa terrifiante dentition.

–Oui, hum… sympa, les fêtes, mais on a des choses à faire… tente Marin.

–Si, venez ! J'insiste ! »

Quand un gaillard comme Bruce insiste, il est, hélas ! difficile de dire non. À contrecœur, le poisson-clown se laisse entraîner avec Dory vers un large cratère. L'endroit, semé de mines, n'est guère engageant, mais Bruce semble certain de son chemin.

« Très chouette, ces ballons ! s'extasie Dory en regardant les mines qui se balancent.

–Gardez vos distances ! prévient Bruce. Ces ballons sont un peu… spéciaux. Ce ne serait

pas une très bonne idée de les faire exploser… »

Tout en parlant, le squale descend vers le fond. L'épave échouée d'un sous-marin surgit lentement de l'obscurité.

« Enclume ! Chumy ! C'est moi ! crie Bruce.

– Enfin, pas trop tôt ! répond un requin-marteau après s'être extirpé de la coque rouillée.

– On a fini l'apéritif, et je meurs de faim ! râle le requin-taupe qui nage près de lui.

– J'ai de la compagnie ! annonce Bruce en poussant Marin et Dory à l'intérieur de l'épave.

– Bon, allons-y. Terminons-en rapidement ! » conclut Chumy.

Dans l'obscurité, le pauvre Marin déglutit. Le temps est venu de faire ses prières. D'une seconde à l'autre, les mâchoires des redoutables prédateurs vont se refermer sur lui et sur Dory. En frissonnant, il ferme les paupières.

Quelques secondes passent, interminables. Enfin, une clochette résonne.

« Très bien, annonce la voix ferme de Bruce. Nous sommes au complet, la séance peut commencer. D'abord, la devise ! »

Interloqué, Marin entrouvre un œil et découvre le requin bleu sur un podium, face à la petite assemblée !

« Je suis un gentil requin, pas une stupide machine à tuer ! récitent en chœur les trois lascars. Si je veux changer cette image, je dois d'abord changer moi-même. Les poissons sont nos amis, on n'y touche plus !

– À part ces fichus dauphins ! ajoute Enclume, le requin-marteau.

– Ouais, à part ces frimeurs qui se croient si mignons ! renchérit Chumy, le requin-taupe.

– Bon, les coupe Bruce. Aujourd'hui, cinquième séance : "Je viens avec des amis poissons". Alors, avez-vous amené vos amis ?

– J'ai le mien ! lance Enclume en désignant un minuscule poisson affolé.

– Et toi, Chumy ?

– Heu… Je ne l'ai pas rangé où il fallait, je le crains ! »

Il sourit avec un brin de gêne, dévoilant une série d'arêtes encore plantées entre ses crocs. Le minuscule invité d'Enclume n'en demande pas plus et file à toute vitesse vers le large.

« Ce n'est pas grave, Chumy ! C'est difficile, au début ! Tiens, je te prête l'un des miens ! »

Le requin-taupe bondit près de Marin.

« Chic, un nouveau pote pour Chumy ! Merci, Bruce.

– Très bien. Continuons. Je m'appelle Bruce, et je n'ai pas mangé de poisson depuis trois semaines. Que je sois transformé en bouillie si je mens !

– Bravo ! s'exclame l'auditoire.

– À qui le tour ?

– À moi ! » propose Dory.

Elle se rue sur le podium.

« Je m'appelle Dory, et je n'ai jamais mangé

de poisson ! Et je suis bien contente de soulager ma conscience !

– Formidable, incroyable ! braillent en chœur les requins admiratifs.

– Et toi, camarade ? demande Bruce. Quel est ton problème ? »

Marin sursaute.

« Moi ? Je n'ai pas de problème ! »

Bruce ne s'en laisse pas conter. En un clin d'œil, il dépose Marin sur l'estrade.

« Commence par ton nom !

– D'accord, d'accord... Je m'appelle Marin, et je suis un poisson-clown...

– Vraiment ? Raconte-nous une blague ! On adore les blagues... » se réjouissent les squales.

« Re-belote ! » songe le pauvre Marin en commençant sa blague.

Soudain, au-dessus de l'assemblée, il avise une échelle sur laquelle un objet sombre est accroché, qui attire son attention.

« Le masque ! C'est le masque d'un des plongeurs ! s'écrie-t-il avec espoir. Nemo !

– Nemo ! Rien compris, mais elle est bien bonne ! réagit Chumy en riant.

– Non, Nemo, c'est mon fils. Des hommes l'ont enlevé ! »

Le mot « homme » déclenche une immédiate réaction de sympathie dans l'assistance.

« Mon pauvre ami ! le plaint Dory.

– Ces affreux humains ! Ils se croient tout permis ! rumine Chumy.

– Et voilà un père qui cherche son enfant, se lamente Bruce avant de fondre en larmes. Moi, je n'ai jamais connu mon père… »

Profitant de cette détresse soudaine, Marin et Dory ont gagné le haut de l'échelle et prennent le masque entre leurs nageoires. Marin y remarque des inscriptions.

« Si seulement je savais lire ! soupire-t-il.

– Trouvons un poisson qui en soit capable ! décide Dory en prenant l'objet. Hé, les copains ! »

Marin la voit filer vers les requins. Il a juste le temps de lui arracher le masque. La dame se retourne, furieuse :

« Rends-moi ça, c'est à moi ! »

Marin ne cède pas. Au cours de la bagarre, la lanière de caoutchouc frappe Dory sur le nez, provoquant un petit saignement. Catastrophe ! Instantanément, Bruce relève le museau et oublie toutes ses bonnes résolutions !

« Miam ! se réjouit-il.

– Intervention immédiate ! » hurle Enclume à Chumy.

Les deux requins ceinturent fermement leur ami.

« Souviens-toi, Bruce ! Les poissons sont tes amis, tu ne dois pas les manger !

– Manger ! » rugit Bruce qui réussit à se dégager de l'étreinte et fonce droit sur ses proies !

De couloir en coursive, la poursuite n'en finit pas. Le requin se fait de plus en plus menaçant.

« Il faut trouver un moyen de décamper d'ici ! dit Marin à Dory après avoir refermé une lourde porte au nez de Bruce.

– Peut-être par là ! Il y a marqué : "sortie de secours" sur ce passage… suggère Dory.

– Dory, tu sais lire ? s'étrangle Marin.

– Heu… Oui. Je viens de m'en souvenir !

– Alors, tu vas pouvoir déchiffrer l'inscription du masque ! »

Hors du sous-marin, le poisson-clown tend l'objet à sa compagne. Derrière eux, le requin se déchaîne :

« Vendredi, c'est poisson frit ! hurle-t-il alors que ses deux amis se confondent en excuses.

– Il ne faut pas lui en vouloir ! Il est très

sympa, en général. C'est un peu dur pour lui en ce moment ! »

Pour échapper au prédateur, Marin et Dory se glissent de nouveau à l'intérieur du sous-marin, nageant chacun d'un côté du masque.

Mais Bruce surgit derrière eux et arrache l'objet dont la bride se coince entre ses dents. Affolés, Marin et Dory plongent vers le premier abri qu'ils repèrent : un large trou au flanc de l'épave, qui n'est rien d'autre que l'embouchure de l'un des tubes lance-torpilles !

« Oh, non ! C'est bouché ! » gémit Marin.

Il contemple l'obstacle. C'est une ancienne

torpille encore insérée dans son conduit. Piégés de part et d'autre, les deux « amis » de Bruce comptent sur l'intervention d'Enclume et de Chumy, qui, à l'extérieur, font leur possible pour détourner le requin bleu de son obsession.

« Désolés ! s'excusent-ils au cours de la lutte. Il est très gentil, d'habitude !

– Il faut que je récupère ce masque ! murmure Marin.

– Pas de problème ! » répond Dory.

D'un coup de nageoire précis, elle débloque le verrou qui retient la torpille.

« Non ! » hurle Marin.

Trop tard. L'engin libéré glisse droit vers la gueule grande ouverte de Bruce. Entraîné avec lui, Marin en profite pour récupérer le masque juste avant que le squale ne referme ses mâchoires rageuses sur l'acier rouillé. Bien joué ! Cependant, dès qu'il comprend qu'il s'est trompé de dîner, Bruce recrache violemment la torpille, à la grande frayeur de ses copains !

« On s'en va, vite ! » hurlent-ils à l'unisson tandis que le projectile fend l'onde en direction du champ de mines. Les trois requins ont à peine le temps de filer, et Marin et Dory de regagner leur abri. L'explosion en chaîne des ballons que

Dory admirait tellement transforme en quelques secondes le paisible cratère en un chaudron bouillonnant !

Prudemment, Nemo observe les alentours.

« Papa ? Papa, tu es là ? » demande-t-il avec appréhension.

Pas de réponse. Autour du jeune poisson-clown, des algues immobiles, de curieux objets, et trois masques sculptés aux expressions effrayantes... Qu'est-ce que c'est que cet endroit ? Nemo veut s'en éloigner, mais à chaque fois, une paroi invisible l'en empêche. Et derrière cette paroi, des humains vont et viennent, dans une pièce inondée de lumière ! L'un d'entre eux s'approche :

« Bonjour, petit bonhomme ! »

Vite, Nemo se cache derrière un rocher.

« Joli poisson, n'est-ce pas ? lance l'homme à quelqu'un. Je l'ai trouvé en train de tenter de rejoindre la Barrière de Corail… Je lui ai sauvé la vie ! »

Terrifié, Nemo recule et se heurte à un coffre qui s'ouvre et laisse échapper un chapelet de bulles. Aussitôt, un grand poisson jaune jaillit d'une épave miniature de vaisseau pirate.

« Mes bulles ! s'exclame l'individu en refermant le coffre. Il ne faut pas qu'elles s'échappent ! Ce sont mes bulles à moi !

– Il vaut mieux ne pas s'approcher des bulles de Bubbles ! Ça le rend nerveux ! » se moque une étoile de mer collée à la paroi de verre.

Décidément, ce lieu étrange recèle bien des surprises. Peu à peu, notre ami voit apparaître autour de lui des créatures surgies de leurs cachettes.

« Regardez le nouveau ! Qu'il est mignon ! crient-elles en chœur.

– Ne t'inquiète pas, petit, nous n'allons pas

te manger ! le rassure Boule, un poisson rond comme un ballon.

– Bonjour ! dit Jacques la crevette en agitant ses antennes.

– Le pauvre, il a l'air terrifié ! D'où vient-il donc ? demande Deb.

– Le dentiste l'a apporté tout à l'heure... répond Gargouille.

– Il ne nage pas très bien, remarque Bubbles.

– Je veux rentrer chez moi ! les interrompt Nemo, tétanisé. Savez-vous où est mon papa ?

– Chez le marchand d'animaux d'où tu es venu, probablement ! s'apitoie Astride, l'étoile de mer.

– Le marchand ? Mais je viens de l'océan... la corrige Nemo.

– De l'océan ? s'alarme Gargouille en reculant. Mais tu n'es pas décontaminé ! Jacques, vite !

– Oui, j'arrive ! »

La minuscule crevette à l'accent français s'active autour de Nemo. Lorsqu'elle a fini, le poisson-clown brille comme un sou neuf !

« Voilà ! Au revoir ! salue Jacques avant de regagner le casque qui lui sert de maison.

– Désolé, mon garçon, explique Boule, mais

notre Gargouille est obsédé par les microbes !

– C'est dangereux ! s'insurge Gargouille. La durée de vie d'un poisson dans un aquarium est de deux ans et demi. Et pourquoi ? Parce que les microbes finissent toujours par le tuer !

– Dis-moi, petit, la Grande Bleue, c'est comment ? demande Bubbles, qui n'a jamais vu la mer.

– Ben… Grand… et bleu ! bredouille Nemo.

– J'en étais sûr ! Et les bulles ? »

Et c'est ainsi que débutent les relations de Nemo avec la bande des Siphonnés du Bocal, tous prisonniers de l'aquarium d'un dentiste de Sydney…

Entre Deb, qui parle à son reflet en croyant qu'il s'agit de Flo, sa sœur jumelle, et les autres, qui regardent en connaisseurs le praticien soigner les dents d'un patient, Nemo est un peu troublé.

« La bouche humaine est une chose vraiment dégoûtante ! » conclut Gargouille à la fin de l'intervention, alors qu'un pélican vient se poser sur le rebord de la fenêtre ouverte.

« Salut, les copains ! s'exclame l'oiseau hors d'haleine en tendant le cou. Alors, j'ai raté quelque chose ?

– L'extraction d'une racine, Amiral ! le renseigne Astride.

– Et qui est ce petit bonhomme ? s'enquiert l'arrivant en découvrant Nemo.

– Un nouveau.

– Le docteur Sherman l'a pêché près de la Barrière de Corail, précise Gargouille.

– Ah ! Un habitant de l'océan... Salut, toi ! J'espère que mon bec ne t'a jamais effleuré sous les vagues ! Les pélicans se nourrissent de poissons, malheureusement...

– Veux-tu filer ! Ces poissons m'appartiennent ! l'interrompt le dentiste furieux. Allez ! Pschhhhht ! Va-t'en ! »

L'Amiral s'envole précipitamment. Au passage, il bouscule la photo d'une enfant avec un appareil dentaire. Le cadre se brise. L'homme le ramasse promptement.

« C'est Darla, ma nièce ! Elle va avoir six ans ! » raconte-t-il à son patient.

Puis il se tourne vers Nemo :

« Dis bonjour à ta future maman ! Elle viendra vendredi, tu seras son cadeau d'anniversaire. C'est notre petit secret, maintenant... Bien. M. Tucker ? Je dois vous abandonner quelques minutes, je reviens ! »

Dès que l'humain en blouse blanche s'est éloigné, la bande des Siphonnés du Bocal commence à chuchoter :

« Oh, non, pas Darla ! Quelle mauvaise nouvelle ! Pauvre petit...

– Quoi ? Elle est dangereuse, cette Darla ? s'inquiète Nemo.

– Vous vous souvenez de ce pauvre Chuck ? C'était le cadeau de l'année dernière… Il a fini dans la cuvette des toilettes ! dit Deb.

– C'est une furie, une tueuse de poissons ! s'écrie Astride.

– De toute façon, je n'irai pas ! Je dois retrouver mon père ! »

Nemo explore l'aquarium de fond en comble, avec l'espoir de trouver une issue. Mais en nageant trop près du filtre à eau, il se retrouve aspiré par le tube. Tous retiennent leur souffle.

« Non ! Papa ! Au secours ! crie-t-il, éperdu.

– Vite, aidons-le ! réagissent les autres en se précipitant vers le filtre.

– Que personne ne le touche ! » tonne alors une voix impérieuse.

Jailli de l'ombre, un superbe poisson noir et blanc s'interpose.

« Tu t'es fourré là-dedans, à toi de t'en sortir ! ordonne-t-il à Nemo. Et vous, silence ! Je veux voir de quoi ce gamin est capable !

– Mais j'ai une nageoire abîmée… explique Nemo.

– Ce n'est pas un problème. Allez, réfléchis,

tu es assez grand pour trouver une solution ! »

Désemparé, Nemo observe celui qui semble être le chef de la bande, remarque ses cicatrices et sa nageoire pectorale très abîmée. Rassemblant toutes ses forces, il essaie une dernière fois de s'extirper du tube, et il y parvient !

« Bravo ! se réjouissent les compères.

– Excellent ! marmonne le poisson noir et blanc.

– Tu vois, Gill, le petit vient de l'océan, comme toi ! lui annonce Astride. Mais dis donc... À quoi songes-tu ? J'ai déjà vu cette expression dans tes yeux !

– Mmh, à rien… élude Gill avec un sourire énigmatique. Ce soir, nous fêterons l'arrivée de ce gaillard parmi nous !

– Au fait, comment t'appelles-tu ? demande Boule.

– Nemo ! » répond fièrement notre héros.

« Nemo… Nemo… » grommelle Marin dans son sommeil.

Serré contre Dory qui ronfle comme un moteur de hors-bord, le poisson-clown ouvre un œil. Il s'aperçoit qu'il fait jour, et que le confortable hamac dans lequel il a passé la nuit n'est rien d'autre que le masque de plongée si difficilement récupéré la veille. Accroché à une pièce de métal dépassant de l'étrave du sous-marin, il se balance au gré du courant. Quant à l'épave, elle-même fortement secouée par la série d'explosions, elle se met à glisser lentement vers une profonde faille. Or les deux rescapés se trouvent sur son chemin…

« Dory ! Réveille-toi ! réagit Marin.

– Quoi, qu'y a-t-il ? marmonne sa compagne.

– Vite ! Il faut absolument que tu déchiffres l'inscription ! »

Pas le temps. Dory voit l'étrave du sous-marin se rapprocher d'eux et pousse un cri de terreur. Les deux aventuriers échappent de justesse à l'énorme masse rouillée qui passe dans un nuage de sable avant de se planter dans le rocher de l'autre côté du gouffre. Quand enfin le brouillard s'estompe, le masque est au fond de l'abîme.

Après un instant d'hésitation, Marin et Dory plongent à sa recherche.

Malgré les réticences de son ami, Dory chante pour s'encourager, car nager dans le noir le plus total n'est guère rassurant.

La descente dans le gouffre semble durer une éternité…

« Est-ce que tu distingues quelque chose, Dory ? finit par demander Marin.

– Ah ! Qui est là ? Qui m'a touchée ? s'écrie l'autre.

– C'est moi, voyons, Dory ! » s'énerve Marin.

« Encore ses fichues pertes de mémoire ! » songe-t-il, agacé.

« Qui me parle ? Ma conscience ? susurre Dory en tremblant.

– Oui, c'est ça ! Tu vas bien ?

– Heu… Oui !

– Bon, alors, dis-moi si tu aperçois quelque chose.

– Une… Une lumière ! Là, tout en bas ! Oh mon Dieu ! Suis-je morte ?

– Non. Je la vois également ! » répond Marin.

Comme hypnotisés, les deux compagnons s'approchent du globe qui émet le rayonnement.

« C'est merveilleux ! Qu'est-ce que c'est ? » s'interrogent-ils, loin de se douter que l'objet flottant est un piège destiné à les attirer vers son redoutable propriétaire : une lotte de mer, dont la gueule gourmande s'ouvre brusquement devant eux !

À ce moment précis, le rayon de lumière du globe frappe la surface vitrée du masque !

8

L'objet repose sur le sable, à quelques mètres des deux amis.

« Le masque ! Lis, Dory, vite ! »

Elle s'exécute, tandis que Marin détourne courageusement l'attention de la lotte affamée en zigzagant sous son nez.

« P. Sherman… 42, Wallaby Way… Sydney ! » déchiffre Dory avec une lenteur exaspérante.

La lotte, agacée par le manège de Marin, prend son élan comme un taureau dans l'arène. Le poisson-clown saisit le masque et le place entre lui et le monstre, au moment où celui-ci passe à l'attaque. Le choc est effrayant.

« Je suis mort… » grimace Marin en ouvrant un œil.

La lotte est maintenant immobilisée contre un rocher, le masque sur le nez, le corps coincé

entre la bride et le rocher et le visage illuminé !

« Nous sommes sauvés ! » se réjouissent Dory et Marin.

L'adresse enfin en tête, il ne leur reste plus qu'à remonter, ce qu'ils font avec énergie.

Le soir venu, le cabinet du dentiste s'est vidé. Réveillé par Jacques, Nemo doit à présent se soumettre au rituel d'admission parmi les membres de la bande des Siphonnés du Bocal. Avec cérémonie, on l'amène au pied du volcan miniature qui décore la partie droite de l'aquarium. Gill s'avance.

« Ton nom ! ordonne-t-il.

– N… Nemo !

– Frère Boule, procédez !

– Nemo, nous t'avons fait venir ici, au pied du Mont Wannahockalouguie, afin de te faire entrer dans notre confrérie ! clame Boule. Mais auparavant, tu dois t'acquitter d'une épreuve : traverser le Cercle de feu ! »

À ces mots, Jacques active un mécanisme secret, et le cratère du volcan se met à cracher une énorme colonne de bulles. Nemo n'hésite pas un instant. Avec fougue, il s'élance et franchit l'obstacle !

« Bien, le félicite Gill. À partir d'aujourd'hui, tu porteras le nom de Sushi ! Bienvenue à toi ! Vous êtes d'accord, vous autres ?

– Oui ! Bienvenue parmi nous, frère Sushi !

– Puisqu'il est des nôtres, nous ne pouvons pas l'envoyer à la mort, poursuit Gill. Darla sera ici dans deux jours. Alors ? Qu'allons-nous faire ? »

Très impressionnée, la bande reste silencieuse. Gill reprend la parole.

« Nous allons l'aider à s'évader !

– Vraiment ? s'étonne Nemo.

– Oui. Nous allons d'ailleurs tous nous évader d'ici.

– Gill, pitié… proteste Gargouille, un peu gêné. Pas encore un de tes plans !

– Désolé, Gill, mais ils ne fonctionnent jamais ! ajoute Deb.

– C'est vrai… Pourquoi celui-ci marcherait-il mieux que les autres ? ajoute Boule.

– Parce que, cette fois, Sushi va nous aider ! affirme calmement Gill.

– Moi ?

– Toi. Regarde ce filtre ! Tu es le seul à pouvoir y passer sans difficulté… Il te suffira d'en bloquer le mécanisme avec un caillou, afin que l'aquarium ne soit plus nettoyé. Tout va devenir sale et cela obligera le dentiste à changer l'eau lui-même. Pour ce faire, il nous mettra tous dans des sachets en plastique. Il ne nous restera plus qu'à rouler de son bureau vers la fenêtre, ensuite dans le jardin, puis vers la rue, et de là jusqu'au port... Alors, qui est avec moi ? »

Avec réticence, l'équipe finit par se rallier au projet de Gill.

« Et toi, Sushi, qu'en penses-tu ?

– Allons-y ! » répond Nemo.

« Écoute-moi, Dory… commence Marin en atteignant la haute mer. Je crois qu'il serait mieux que je poursuive seul mes recherches…

– Ah ?

– Heu… Oui. Je ne veux pas te blesser, mais tu me retardes constamment… À cause de tes pertes de mémoire, surtout…

– Tu ne m'aimes pas, c'est ça ? se vexe Dory.

– Non, je t'aime bien, au contraire, mais… »

Dory fond en larmes.

« Ne pleure pas, je t'en prie… Je t'aime beaucoup ! Essaie de comprendre !

– Madame, est-ce que ce Monsieur vous ennuie ? » demande alors une voix calme.

Attiré par la dispute, un banc entier de poissons-lunes s'est regroupé autour des deux compagnons !

Les sanglots de Dory l'empêchent de répondre. Le fait est qu'elle ne se souvient pas très bien de la cause de son chagrin !

« Regardez, Madame, cela va vous plaire ! »

Le maître des poissons-lunes donne un ordre bref. Aussitôt, l'ensemble du banc prend la forme d'un espadon. Marin comprend que Dory doit deviner les figures dessinées par le groupe aux écailles d'argent, qui se change successivement en homard, en pieuvre, puis en bateau à voiles ! Ravie, Dory s'arrête de pleurer, tandis que Marin s'impatiente :

« Écoutez… Pourriez-vous nous indiquer la direction de Sydney, s'il vous plaît ? »

Au lieu d'obtempérer, les poissons-lunes se moquent de lui en se transformant en poisson-clown géant ! Dory est secouée par un fou rire

qui n'arrange pas la mauvaise humeur de Marin...

« Bon, très bien... » rumine-t-il, au comble de l'énervement.

Il commence à s'éloigner. La belle le rattrape aussitôt :

« Mais voyons, ils plaisantent ! Quel est le problème ?

– Le problème ? Mais je n'ai aucun problème ! Sauf que pendant que ces zouaves s'agitent, moi, je nage à des lieues de chez moi afin de retrouver mon fils !

– Bon, bon... Comment s'appelle-t-il déjà ? Chico ?

– Nemo. Mais c'est sans importance. Pas un seul des poissons de ce fichu océan ne m'aidera à le retrouver.

– Si, moi ! Attends-moi ! » susurre Dory.

En un clin d'œil, elle rejoint le banc et explique ce qu'elle a retenu de la situation. Son charme opère instantanément :

« Vous devez suivre le C.E.A, le Courant est-australien, dans cette direction ! »

Dory se confond en remerciements.

« Pas de quoi. Encore une chose : sur le chemin, vous verrez un canyon. Vous devrez passer à travers, et surtout pas au-dessus, compris ?

– Très bien ! » répond Dory avant de rejoindre Marin qui s'est déjà mis en route.

Les voilà qui abordent bientôt le fameux canyon. Alors que Dory s'avance, Marin la retient. Rien ne peut le convaincre de s'engager dans le sombre boyau. Les deux amis finissent donc par nager au-dessus, malgré le conseil des poissons-lunes… Mauvais choix, car au moment où ils aperçoivent le courant, une armée de méduses, s'élevant du sol en silence, leur barre le passage !

« Ahhhh ! hurlent-ils ensemble tandis que la masse gélatineuse se resserre autour d'eux.

– Comment faire pour sortir de là ? demande Dory, tétanisée.

– J'ai une idée ! décide Marin, qui sait que le poison des tentacules risque de les tuer, lui et sa compagne. On va faire un jeu ! Le premier de nous deux qui traversera ces affreuses bestioles aura gagné ! Mais il ne faut surtout pas toucher leurs tentacules !

– Chic ! glousse Dory, qui s'amuse déjà à sautiller sur les têtes gélatineuses des méduses. À vos marques, prêt, partez ! »

Lancés comme des boules de flipper, les deux amis rebondissent à toute vitesse de méduse en méduse. Malgré les risques, Marin se prend au jeu. Et lorsqu'il jaillit de la dangereuse forêt, il s'écrie :

« J'ai gagné ! »

Malheureusement, Dory n'est plus là pour l'écouter.

Très inquiet, Marin fait rapidement demi-tour. Il retrouve la malheureuse empêtrée dans les tentacules d'une grosse méduse qui s'apprête à la dévorer ! Il la saisit entre ses nageoires et l'arrache à son bourreau. Puis il la tire vers l'océan.

« Reste éveillée ! lui hurle-t-il.

– Suis-je disqualifiée ? marmonne Dory, à moitié évanouie.

– Non, tu as gagné ! ment Marin. Surtout, ne t'endors pas ! »

Piqué de toutes parts, le poisson-clown sent ses forces décliner. Dans un dernier sursaut, il parvient cependant à extirper Dory de l'horrible piège. Et quand le bleu profond de l'océan succède enfin à la marée rosâtre des méduses, il est, lui aussi, dans un piteux état.

« Il… faut… rester… éveillé ! » murmure-t-il encore avant de sombrer dans l'inconscience.

10

« Ton père te manque, Sushi ?

– Oui ! soupire Nemo.

– Tu as de la chance d'avoir quelqu'un qui tient à toi ! le réconforte Gill. Il te cherche sûrement partout…

– Oh non, il a trop peur de l'océan… »

Gill jette un coup d'œil à Astride, qui observe les gestes du dentiste.

« Il en est à son quatrième café ! précise-t-elle. C'est pour bientôt ! »

Gill acquiesce et revient à Nemo. Le petit est toujours très impressionné par la collection de cicatrices de son chef.

« Celle-ci, c'est quand j'ai atterri sur les instruments dentaires. Je visais les toilettes ! explique Gill.

– Les toilettes ?

– Tous les égouts vont dans la nature, mon garçon !

– Ça y est, il est sorti ! s'exclame Astride. Nous avons quatre minutes !

– À toi de jouer, Sushi ! » lance la bande.

Courageusement, Nemo nage vers la roue qui propulse l'eau dans le filtre de l'aquarium. Il s'agit maintenant de coincer le moteur grâce au caillou que Gill lui lance. Après plusieurs essais, l'engin cale. Aussitôt, la roue s'arrête, ce qui permet à Nemo de redescendre par le tube du filtre. Hélas ! le caillou glisse, et les pales se remettent à brasser l'eau, tout près du poisson-clown !

Aspiré, Nemo hurle de terreur. Gill se précipite sur une algue longue et solide. Aidé du groupe, il l'introduit dans le tube où Nemo se débat.

« Attrape ça ! » crie le grand poisson.

Nemo saisit l'herbe entre ses dents, et la bande au complet le tire hors du piège. Il est sauvé, mais le plan a échoué...

« Salut ! Je m'appelle Crush ! »

Marin cligne des paupières, incrédule. Il vient juste de se réveiller sur la carapace d'une tortue de mer à la mine affable.

« Oh, bonjour Crush ! Je cherche le Courant est-australien !

– Tu es en plein dedans, mon vieux ! Regarde donc autour de toi ! »

Marin n'en croit pas ses yeux. Sa monture est au milieu d'une tribu de tortues en migration glissant sur le fameux courant comme sur un toboggan géant.

« Et Dory ? Où est-elle ?

– La Petite Bleue ? Au niveau inférieur ! » le renseigne Crush.

Marin se penche. Sur la carapace d'une autre tortue, Dory semble toujours inconsciente.

Le poisson-clown s'approche d'elle et découvre qu'elle est en train de jouer à cache-cache avec plusieurs enfants, dont Squiz, le fils de Crush, le plus turbulent de tous. Intrigué par le calme du père devant les virées tumultueuses de son rejeton, Marin finit par lui exposer son principal souci :

« Dites-moi, Crush… Comment savez-vous que votre enfant est prêt à affronter le monde ?

– Ma foi ! Ils le savent, eux ! Et dès qu'ils le savent, ils nous le font savoir, vous savez ! »

Avant que Marin ne comprenne bien le sens de cette phrase, la troupe d'enfants, menée par

Dory, lui fonce dessus et l'assaille de questions. Une nouvelle fois, il raconte l'enlèvement de son fils et sa quête pour le retrouver. Toutes les aventures vécues avec Dory y passent, depuis leur rencontre avec les requins jusqu'à leur fuite loin des méduses. Et l'histoire est tellement fascinante qu'elle est immédiatement répétée par les enfants à leurs parents, qui la murmurent aux poissons de passage, qui la racontent aux dauphins et aux phoques, qui la relatent aux mouettes, qui la transmettent aux pélicans, qui la claironnent à… l'Amiral. Stupéfait, le pélican fonce vers la maison du dentiste !

Quand il se pose sur le rebord de la fenêtre et qu'il commence à son tour à rapporter l'extraordinaire voyage de Marin, le moral de Nemo remonte en flèche, à tel point qu'il décide de s'attaquer à nouveau au filtre. Cette fois, l'opération se déroule sans difficulté.

À la grande joie des habitants de l'aquarium, le caillou tient, le moteur s'arrête, l'eau se trouble. L'évasion est en bonne voie !

11

Après des adieux affectueux, Crush et Squiz ont déposé Dory et Marin au début de l'embranchement qui doit théoriquement les conduire tout droit vers Sydney.

Les deux compères s'y engouffrent et nagent pendant un bon bout de temps. Trop longtemps au goût de Marin. Ce nouveau chemin est très obscur, impossible de se repérer. Persuadé que Dory et lui tournent en rond, le poisson-clown commence à perdre espoir, mais Dory lui propose qu'ils demandent d'abord leur chemin à un passant.

Elle s'approche d'une forme sombre, pose sa question, n'obtient pas de réponse. Et pour cause : la forme en question, beaucoup plus grosse que les deux amis ne l'avaient pensé, est en réalité une baleine. Dory a une idée lumineuse : elle

s'adresse à elle en dialecte baleine ! Sans la moindre réaction, le cétacé s'éloigne d'eux avec indifférence.

« Bah, dit Dory à Marin. De toute façon, les baleines ne mangent pas de poisson. Elles ne mangent que du krill ! »

Mais contre toute attente, un banc de crevettes affolées leur file sous le nez juste à cet instant.

« Ne restez pas là ! » leur crie l'une d'elles.

Marin se retourne. Une seconde baleine, encore plus imposante que la précédente, fonce sur eux, la gueule grande ouverte !

« Jacques, pas de nettoyage, j'ai dit ! lance Gill à travers l'eau glauque de l'aquarium.

– Est-ce que quelqu'un a aperçu Flo ? demande Deb, qui ne peut plus voir son reflet sur les vitres sales.

– Réalisez-vous que nous nageons dans nos… commente Gargouille, effondré.

– Chut, le dentiste est arrivé ! » l'interrompt Astride.

Pleins d'espoir, tous se taisent. Et la phrase tant attendue tombe :

« Il faut que je nettoie cet aquarium avant l'arrivée de Darla ! »

« Voilà, se réjouit Gill. Tu vas pouvoir retrouver ton père, Sushi ! Je ne serais pas surpris d'apprendre qu'il t'attend dans les eaux du port ! »

Se retrouver à l'intérieur d'une baleine n'est pas très confortable. Mais être projeté droit vers le ciel au centre du jet d'eau qu'elle propulse par ses évents reste une expérience inoubliable. Surtout quand on retombe droit dans un port qui n'est autre que celui de Sydney !

« Nous sommes vivants ! Et je vais revoir Nemo ! » se réjouit Marin après avoir remercié l'autobus géant qui les a transportés, lui et Dory.

Dans le ciel, une nuée de mouettes qui a repéré son dîner, salue joyeusement le coucher du soleil…

Après une nuit calme, le jour se lève enfin sur la maison du dentiste. La lumière fait briller les parois lisses de l'aquarium. Astride ouvre les yeux, bâille, s'étire et avale de travers :

« L'aquarium est propre ! » hurle-t-elle aux autres qui se réveillent en sursaut.

Durant la nuit, le dentiste a remplacé l'ancien filtre par un nouveau modèle, un engin extrêmement moderne équipé d'un balayage laser. L'eau est désormais si propre que les pauvres petits prisonniers perdent tout espoir d'évasion.

Les heures passent, accroissant la tension parmi les membres de la bande. Puis le dentiste essaie d'attraper Nemo avec un petit filet. À ce moment, Gill ordonne à la bande de plonger dans l'éprouvette et de nager vers le fond de l'aquarium. Le filet cède et Nemo, libéré, tente de se cacher. Il n'est pas assez rapide : l'homme le coince dans un sac en plastique et le dépose sur une étagère. Le coup de sonnette tant redouté retentit soudain…

Jaillissant comme une bombe dans le cabinet, Darla s'installe dans le fauteuil du dentiste et réclame impatiemment son cadeau d'anniversaire. Coincé dans sa bulle de plastique, Nemo n'a plus qu'une solution : faire le mort…

C'est à ce moment que l'Amiral se pose sur le rebord de la fenêtre ouverte. Et lorsqu'il ouvre son bec, les têtes ahuries de Dory et de Marin surgissent à la surface d'un bain d'eau de mer, à la stupéfaction des poissons de l'aquarium !

« J'ai retrouvé le papa de Nemo ! » gargouille le pélican en guise d'explication.

Car s'ils n'avaient pas rôdé près du port, Dory

et Marin auraient vraisemblablement terminé leur long voyage au fond de l'estomac d'une mouette.

L'Amiral les a sauvés d'une mort certaine, mais à présent le pauvre Marin découvre son fils inanimé dans un sachet violemment secoué par une petite peste rousse et grimaçante, et son cœur se brise littéralement…

12

Le dentiste, contrarié par la mort apparente de Nemo, ne laisse pas à Marin le temps d'en savoir plus. Il attrape l'Amiral par le cou, claque le bec de l'importun volatile et le jette dehors.

Profitant de la diversion, Gill décide d'intervenir, avant que Darla ne tue son cadeau pour de bon. Avec détermination, il se glisse dans le cratère du volcan, et ordonne à Jacques d'en actionner le mécanisme.

Le violent flux de bulles le propulse hors de l'aquarium, en plein sur Darla. L'enfant pousse un cri de terreur, lâche Nemo qui retombe sur un plateau, non loin du lavabo. Le sac se perce, Nemo commence à étouffer, mais Gill saute de la tête de Darla à l'extrémité du miroir dentaire où se trouve son jeune ami qui, libéré de son sac, s'envole à son tour, atterrit dans le lavabo et s'engouffre enfin dans le tuyau d'évacuation !

Lorsque le dentiste remet Gill dans l'aquarium, la bande au complet félicite son chef avec enthousiasme.

« Il est sauvé ! Tous les tuyaux vont dans la nature, souvenez-vous ! » se rengorge le vieux combattant, très ému.

Dans la pièce dévastée, Darla continue de hurler, insensible aux piteuses consolations de son oncle…

« Je suis désolé », soupire tristement l'Amiral après avoir relâché ses passagers tout près d'une balise.

Marin et Dory ont retrouvé le calme des eaux de la baie de Sydney, mais le cœur n'y est plus.

« Merci Dory ! Sans toi, je ne serais jamais arrivé jusqu'ici… dit simplement Marin.

– Où vas-tu ?

– C'est fini, nous sommes arrivés trop tard. Je vais essayer d'oublier toute cette aventure… Je rentre à la maison.

– Oublier ? Je ne veux pas oublier, moi ! Que vais-je devenir, si tu pars ? »

Sans l'écouter, Marin s'éloigne. Un peu plus bas, deux crabes se régalent d'un copieux dîner.

« Délicieux, n'est-il pas ? dit Bernie.

– Doux nectar de vie ! » répond Baz, ravi.

Gavés, les deux gourmands regardent passer Marin avec méfiance. Puis ils reprennent leur occupation favorite : manger tout ce qui s'échappe du trou de ce grand tuyau sous-marin qui serpente depuis le port de Sydney.

À ce moment, une petite tête de poisson-clown jaillit de la fissure :

« Avez-vous vu mon père ? »

Les deux crabes grignoteraient bien ce mets appétissant, mais Nemo est plus vif que leurs pinces. Rapidement, il nage hors de leur portée

et tombe sur Dory, qui pleure à gros sanglots !

« Qu'y a-t-il ? Je peux vous aider ? demande-t-il gentiment.

– Je ne sais pas ce qui m'arrive ! se plaint la pauvre compagne de Marin. Je pleure, parce que j'ai perdu quelqu'un, mais je ne sais plus qui…

– Moi aussi, je cherche quelqu'un…

– Je m'appelle Dory.

– Et moi, Nemo.

– Nemo ? Joli nom… »

Si à cet instant, Dory n'avait pas déchiffré le mot « Sydney » sur le tuyau sous-marin du centre de traitement des eaux, il n'est pas certain que Nemo aurait retrouvé son père. Car brusquement, ce simple mot lui remet tout en mémoire :

« Nemo ! On te croyait mort ! Vite, ton père, il faut le rattraper ! »

Le cœur de Nemo bondit dans sa poitrine. Dans le sillage de Dory, il nage à présent vers un banc de mérous. Et soudain, il aperçoit Marin !

« Papa ! s'écrie-t-il.

– Nemo ! » répond Marin.

Un filet de pêche lancé avec adresse va malheureusement retarder leurs retrouvailles.

Marin échappe aux mailles, mais pas Dory.

La voilà prise au milieu des mérous affolés.

« Au secours !

– Je m'en occupe, Papa ! » lance Nemo.

Marin est bien obligé de faire confiance à son fils, cette fois. Et il a raison : le petit fonce vers le groupe de mérous et réussit à les convaincre de nager tous ensemble vers le fond de la baie. Le filet, entraîné par la masse, finit par céder !

Dory libérée, Marin et Nemo peuvent enfin se serrer l'un contre l'autre !

« Papa, je suis si heureux ! Je voulais m'excuser, car je t'aime, tu sais, je ne te déteste pas !

– Je le sais, Nemo ! Moi aussi, je te demande de m'excuser… Tiens au fait, tu sais ce que j'ai appris ?

– Non, quoi ?

– Les tortues vivent au moins cent cinquante ans ! Et tu peux me croire, car c'est l'une d'entre elles qui me l'a affirmé ! »

ÉPILOGUE

Les semaines ont passé. La Barrière de Corail s'étire sous les flots bleus de l'océan. Parmi ses occupants, tout est rentré dans l'ordre. Tout ? Enfin… presque !

Chaque jour, Nemo retourne à l'école et suit avec bonheur les cours de Monsieur Raie, en compagnie de son nouvel ami Squiz, le fils de Crush. Marin, lui, s'est mis avec succès à raconter des histoires drôles aux parents des enfants. Ses exploits l'ayant rendu célèbre, il n'a plus peur de rien et fait pleinement confiance à son fils.

Quant à Dory, toujours victime de ses petites pertes de mémoire, elle se fait accompagner partout par les membres de son groupe de végétariens – qui ne sont autres qu'Enclume, Bruce et Chumy ! – cela déclenche en général un frisson d'admiration parmi tous les poissons du coin !

Et la bande des Siphonnés du Bocal ? Vous serez certainement très heureux d'apprendre qu'ils sont enfin parvenus à s'évader. Hé oui, pour une fois, le plan de Gill a bien fonctionné : le nouveau filtre est tombé en panne, le dentiste a nettoyé l'aquarium, et tous ses occupants ont rejoint les eaux du port de Sydney en roulant dans leurs sacs. Ils ont dû encourager Astride, terrifiée à l'idée de sauter du haut du quai.

Il ne leur reste plus désormais qu'un seul problème : trouver le moyen de s'extraire de ces fichus sacs en plastique !

Table des matières

Imprimé en France – Produit complet POLLINA – n° L 90896
Dépôt légal n° 37306 – Novembre 2003 – 46.25.2314.01/6 – ISBN 2.230.01667.9
Loi n° 49-956 du 16 juillet 1949 sur les publications destinées à la jeunesse.